INVENCIONES INCREÍBLES
TENIS
UNA HISTORIA GRÁFICA

BLAKE HOENA
ILUSTRADO POR **CEEJ ROWLAND**

Graphic Universe™ • Mineápolis

Graphic Universe™
Una división de Lerner Publishing Group, Inc.
241 First Avenue North
Mineápolis, MN 55401, EE. UU.

Si desea averiguar acerca de niveles de lectura y para obtener más información, favor consultar este título en www.lernerbooks.com.

Fuente del texto del cuerpo principal: CCHedgeBackwards.
Fuente proporcionada por Comicraft.

Library of Congress Cataloging-in-Publication Data

The Cataloging-in-Publication Data for *Tenis: Una historia gráfica* is on file at the Library of Congress.
ISBN 978-1-7284-7789-3 (lib. bdg.)
ISBN 978-1-7284-7820-3 (pbk.)
ISBN 978-1-7284-8037-4 (eb pdf)

Fabricado en los Estados Unidos de América
1-52469-50742-5/2/2022

CONTENIDO

CAPÍTULO 1
LA REVOLUCIÓN DEL CAUCHO

A PRINCIPIOS DEL SIGLO XIX, NO SE NECESITABAN TENIS DEPORTIVOS. LA GENTE NO PRACTICABA DEPORTES COMO EL TENIS O EL BALONCESTO. EL ADULTO PROMEDIO ESTABA DEMASIADO OCUPADO EN LAS TAREAS AGRÍCOLAS.

EN AQUELLA ÉPOCA, LA MAYORÍA DE LOS ZAPATOS ESTABAN PENSADOS PARA TRABAJAR. ERAN DE CUERO Y TENÍAN SUELAS RÍGIDAS. NO ERAN MUY CÓMODOS. PERO MÁS ADELANTE EN EL SIGLO, ESO EMPEZÓ A CAMBIAR.

CON SUELAS MÁS FLEXIBLES, LOS ZAPATOS SERÁN MÁS CÓMODOS.

EN 1832, EL INVENTOR ESTADOUNIDENSE WAIT WEBSTER PATENTÓ UN PROCESO PARA FIJAR SUELAS DE CAUCHO A LOS ZAPATOS.

PERO EL CAUCHO NO ERA UN MATERIAL ESTABLE. SE VOLVÍA PEGAJOSO CON EL CALOR Y FRÁGIL CON EL FRÍO. EL CLIMA EXTREMO HACÍA QUE LOS ZAPATOS CON SUELA DE CAUCHO SE DESHICIERAN.

EL INVENTOR ESTADOUNIDENSE CHARLES GOODYEAR TRABAJÓ PARA RESOLVER ESTE PROBLEMA.

MMMMM. . . EL CAUCHO SE MANTIENE FIRME CUANDO SE MEZCLA CON AZUFRE.

CALENTANDO EL CAUCHO A ALTAS TEMPERATURAS Y AÑADIENDO AZUFRE, GOODYEAR CONSIGUIÓ UNA SUSTANCIA MÁS ESTABLE. AL RESULTADO LO LLAMÓ CAUCHO VULCANIZADO. EN 1844, GOODYEAR RECIBIÓ UNA PATENTE POR SU DESARROLLO.

¿SE ABLANDAN CON EL CALOR DEL VERANO?

¿O SE VUELVEN QUEBRADIZAS EN INVIERNO?

NO CON MI NUEVO PROCESO. ESTAS BOTAS DE CAUCHO SON RESISTENTES, DURADERAS Y RESISTENTES A LA INTEMPERIE.

WORLDS FAIR TO THE 1851

C. Goodyear PURVEYOR of the RUBBER PRODUCTS

GOODYEAR REVOLUCIONÓ EL PROCESO DE FABRICACIÓN DEL CAUCHO.

MIENTRAS GOODYEAR TRABAJABA EN SU INVENTO, LA REVOLUCIÓN INDUSTRIAL ESTABA CAMBIANDO LA VIDA DE LA GENTE. MUCHOS SE TRASLADARON DEL CAMPO A TRABAJAR EN LAS FÁBRICAS URBANAS O A SUPERVISARLAS. PARA ALGUNOS AFORTUNADOS Y ADINERADOS, ESTE CAMBIO SIGNIFICABA MÁS TIEMPO DE OCIO. DEPORTES COMO EL CRÓQUET SE HICIERON POPULARES.

OTRAS EMPRESAS APRENDIERON SOBRE EL PROCESO DE GOODYEAR Y COMENZARON A FABRICAR ZAPATOS CON ESTE TIPO DE CAUCHO.

PARTE SUPERIOR DE LONA

SUELA DE CAUCHO

EL CRÓQUET AYUDÓ A POPULARIZAR LOS ZAPATOS HECHOS CON CAUCHO VULCANIZADO. LOS JUGADORES SOLÍAN LLEVAR ZAPATILLAS CON LA PARTE SUPERIOR DE LONA Y SUELAS BLANDAS DE CAUCHO, QUE NO DEJABAN MARCAS EN LAS PISTAS DE CÉSPED.

DURANTE ESTA ÉPOCA, EL HIJO DE GOODYEAR, CHARLES JR., SIGUIÓ TRANSFORMANDO LA INDUSTRIA DEL CALZADO. EN 1871, RECIBIÓ UNA PATENTE PARA UNA MÁQUINA DE RIBETEADO. ESTA MÁQUINA FIJABA LA PARTE SUPERIOR DEL ZAPATO A LA SUELA CON MÁS SEGURIDAD QUE LOS MÉTODOS DE COSTURA ANTERIORES.

COSTURA DE RIBETE

MUCHAS EMPRESAS MODERNAS SIGUEN UTILIZANDO EL MÉTODO DE CHARLES JR.

MIENTRAS TANTO, EL CAUCHO VULCANIZADO ESTABA TENIENDO UN GRAN IMPACTO EN EL MUNDO DEL DEPORTE. A FINALES DEL SIGLO XIX, EL TENIS GANÓ POPULARIDAD. EL CAUCHO VULCANIZADO DABA A LAS PELOTAS DE TENIS MÁS REBOTE. LOS JUGADORES PODÍAN UTILIZARLAS EN PISTAS DE CÉSPED.

¡ZIS!

¡ZAS!

LOS JUGADORES TAMBIÉN NECESITABAN UN CALZADO QUE PUDIERA SOPORTAR LOS RIGORES DEL TENIS. LOS ZAPATOS CON SUELA DE CAUCHO VULCANIZADO HACÍAN PRECISAMENTE ESO.

A MEDIDA QUE EL TENIS SE EXTENDÍA, TAMBIÉN LO HACÍA EL CALZADO DEPORTIVO. PRONTO SE CONOCIÓ COMO ZAPATOS DE TENIS.

A FINALES DEL SIGLO XIX, MUCHOS NIÑOS EN EDAD ESCOLAR USABAN ZAPATOS CON SUELA DE CAUCHO EN LAS CLASES DE EDUCACIÓN FÍSICA. LOS ZAPATOS GANARON UN NUEVO APODO.

¡EY, NO TE OÍ!

ESO ES POR MIS TENIS.

LAS SUELAS DE CAUCHO DE LOS ZAPATOS ERAN MUCHO MÁS SILENCIOSAS QUE LAS DE CUERO DURO.

EN 1891, EL PROFESOR DE EDUCACIÓN FÍSICA JAMES NAISMITH INVENTÓ UN DEPORTE QUE CREARÍA UNA NUEVA Y MAYOR DEMANDA DE CALZADO DEPORTIVO.

TU OBJETIVO ES METER EL BALÓN EN LA CANASTA DE TU OPONENTE. ESTO TE HACE GANAR PUNTOS.

NAISMITH INVENTÓ EL BALONCESTO. LA POPULARIDAD DE ESTE DEPORTE SE EXTENDIÓ RÁPIDAMENTE POR TODO EL PAÍS.

¡CRAC!

Y EN LOS AÑOS SIGUIENTES, TAMBIÉN LO HIZO EL DESEO DE UN MEJOR CALZADO DEPORTIVO.

CAPÍTULO 2
EL AUGE DEL BALONCESTO

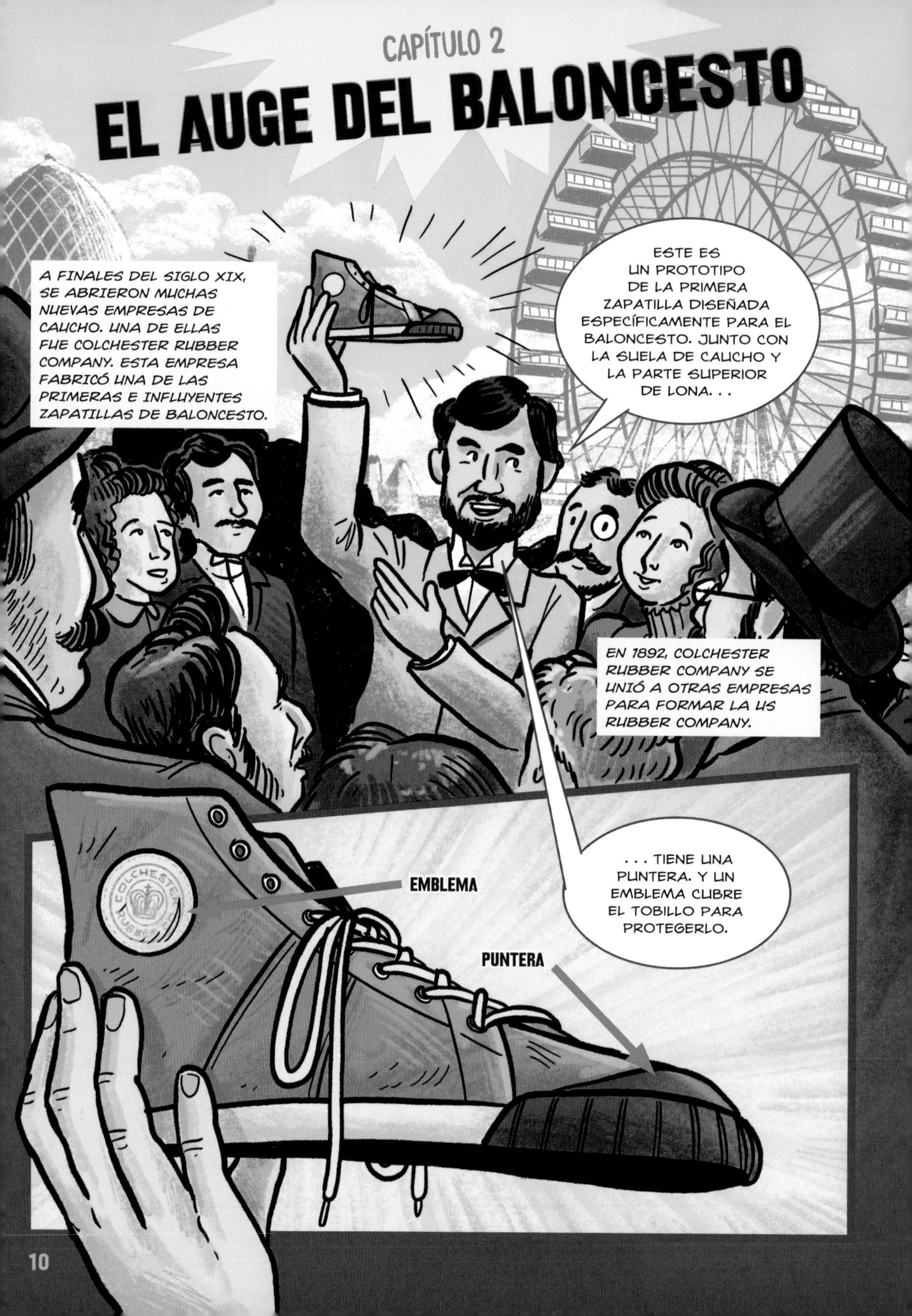

A FINALES DEL SIGLO XIX, SE ABRIERON MUCHAS NUEVAS EMPRESAS DE CAUCHO. UNA DE ELLAS FUE COLCHESTER RUBBER COMPANY. ESTA EMPRESA FABRICÓ UNA DE LAS PRIMERAS E INFLUYENTES ZAPATILLAS DE BALONCESTO.
ESTE ES UN PROTOTIPO DE LA PRIMERA ZAPATILLA DISEÑADA ESPECÍFICAMENTE PARA EL BALONCESTO. JUNTO CON LA SUELA DE CAUCHO Y LA PARTE SUPERIOR DE LONA. . .
EN 1892, COLCHESTER RUBBER COMPANY SE UNIÓ A OTRAS EMPRESAS PARA FORMAR LA US RUBBER COMPANY.
COLCHESTER RUBBER
EMBLEMA
. . . TIENE UNA PUNTERA. Y UN EMBLEMA CUBRE EL TOBILLO PARA PROTEGERLO.
PUNTERA

A MEDIDA QUE CRECÍA LA POPULARIDAD DEL BALONCESTO, LAS UNIVERSIDADES CREARON EQUIPOS. EN 1898 SE CREÓ UNA LIGA PROFESIONAL DE BALONCESTO. TODO ESTO GENERÓ UN MAYOR INTERÉS POR EL CALZADO ESPECÍFICO PARA BALONCESTO. PRONTO, OTRAS EMPRESAS DE CAUCHO COMENZARON A FABRICAR PRODUCTOS PARA EL BALONCESTO.

EN 1876, ALBERT SPALDING Y SU HERMANO ABRIERON UNA TIENDA DE ARTÍCULOS DEPORTIVOS EN CHICAGO, ILLINOIS. MÁS TARDE, SU EMPRESA FABRICÓ LOS PRIMEROS BALONES DE BALONCESTO OFICIALES PARA EL JUEGO DE NAISMITH.

EN 1903, SPALDING TAMBIÉN ANUNCIÓ ZAPATILLAS DE BALONCESTO CON SUELA DE SUCCIÓN.

ESTAS SUELAS ESPECIALMENTE DISEÑADAS AYUDARON A LOS JUGADORES A EVITAR RESBALONES EN LOS SUELOS DE MADERA ENCERADOS DE LOS GIMNASIOS. . .

¡SWISH!

. . . QUE, SEGÚN SPALDING, MEJORABAN EL JUEGO DE LOS JUGADORES.

MIENTRAS TANTO, LA US RUBBER COMPANY CONSOLIDÓ LAS NUMEROSAS EMPRESAS DE CALZADO QUE HABÍA ADQUIRIDO EN UNA SOLA COMPAÑÍA, KEDS, EN 1916. POCO DESPUÉS, KEDS LANZÓ UN NUEVO ZAPATO, EL CHAMPION.

Keds
The Shoe of Champions

ALUNQUE EL TÉRMINO "TENIS" YA HABÍA SIDO ACUÑADO, PASÓ A SER DE USO MÁS COMÚN EN ESTA ÉPOCA.

EL USO DE TENIS PARA LAS ACTIVIDADES COTIDIANAS TAMBIÉN SE HIZO MÁS COMÚN. KEDS ANUNCIABA QUE SUS TENIS NO ERAN SOLO PARA HACER DEPORTE, SINO PARA CUALQUIERA QUE QUISIERA UN CALZADO CÓMODO Y CON ESTILO. TRAS EL LANZAMIENTO DE LAS CHAMPION, OTRA EMPRESA LLEVÓ LA POPULARIDAD DE LOS TENIS A UN NUEVO NIVEL. . .

LA CONVERSE RUBBER SHOE COMPANY LLEVABA FUNCIONANDO DESDE 1908. MARQUIS MILLS CONVERSE LA HABÍA FUNDADO PARA FABRICAR BOTAS DE LLUVIA. PERO LAS VENTAS DE ESTAS BOTAS DE CAUCHO ERAN ESTACIONALES.

ESTO OCURRE TODOS LOS INVIERNOS. LAS VENTAS BAJAN PORQUE LA GENTE NO NECESITA BOTAS DE LLUVIA CUANDO NO LLUEVE.

DURANTE AÑOS, CONVERSE PENSÓ EN CÓMO MEJORAR SUS VENTAS. MÁS O MENOS CUANDO LA CHAMPION DE KEDS LLEGÓ AL MERCADO, CONVERSE SE DIO CUENTA DE QUE HABÍA UNA ACTIVIDAD INVERNAL EN INTERIORES RELACIONADA CON EL CALZADO DE CAUCHO.

TENEMOS QUE HACER UNA ZAPATILLA DEPORTIVA CON SUELA DE CAUCHO QUE PUEDA COMERCIALIZARSE DURANTE LA TEMPORADA DE INVIERNO DE BALONCESTO.

CONVERSE LANZÓ LAS ALL STAR EN 1917. LOS VENDEDORES DE LA EMPRESA PRESENTARON EL CALZADO A LOS PROPIETARIOS DE TIENDAS DE DEPORTES.

AL PRINCIPIO, CONVERSE ANUNCIABA LAS ALL STAR COMO UN NUEVO CALZADO DEPORTIVO DE USO GENERAL. . .

LAS ALL STAR VIENEN INCLUSO REFORZADAS CON TIRAS DE CUERO DONDE VAN LOS CORDONES.

... PERO LAS SUELAS DE CAUCHO ANTIDESLIZANTE DE LAS ALL STAR HACÍAN QUE LOS ZAPATOS FUERAN PERFECTOS PARA EL BALONCESTO. CONVERSE TAMBIÉN CONTRATÓ AL JUGADOR DE BALONCESTO CHUCK TAYLOR PARA PROMOCIONAR SUS NUEVOS ZAPATOS. EN 1922, TAYLOR EMPEZÓ A TRABAJAR PARA CONVERSE COMO VENDEDOR.

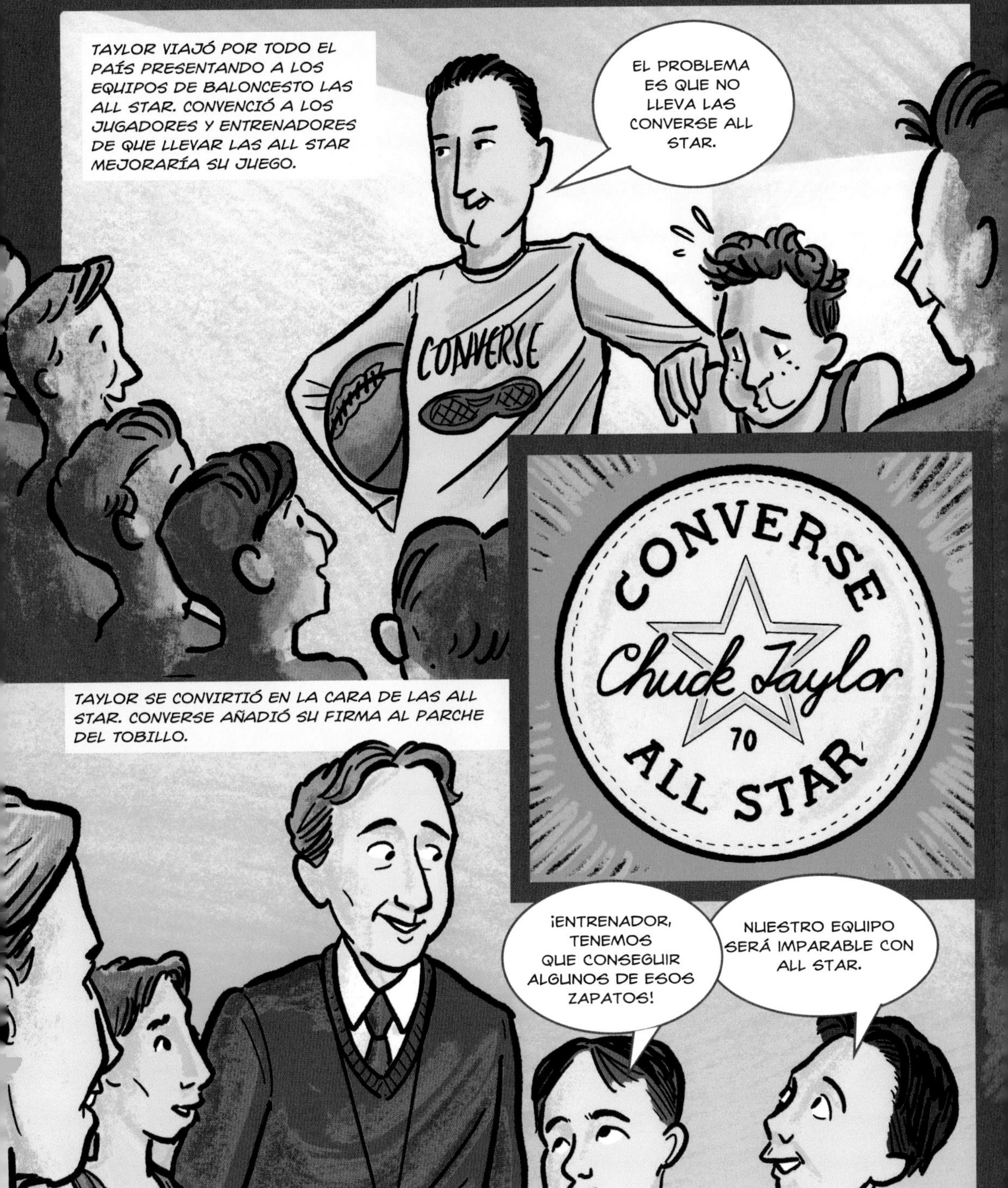
TAYLOR VIAJÓ POR TODO EL PAÍS PRESENTANDO A LOS EQUIPOS DE BALONCESTO LAS ALL STAR. CONVENCIÓ A LOS JUGADORES Y ENTRENADORES DE QUE LLEVAR LAS ALL STAR MEJORARÍA SU JUEGO.
EL PROBLEMA ES QUE NO LLEVA LAS CONVERSE ALL STAR.
CONVERSE
TAYLOR SE CONVIRTIÓ EN LA CARA DE LAS ALL STAR. CONVERSE AÑADIÓ SU FIRMA AL PARCHE DEL TOBILLO.
CONVERSE
Chuck Taylor
70
ALL STAR
¡ENTRENADOR, TENEMOS QUE CONSEGUIR ALGUNOS DE ESOS ZAPATOS!
NUESTRO EQUIPO SERÁ IMPARABLE CON ALL STAR.
LOS ESFUERZOS DE TAYLOR AYUDARON A INTRODUCIR LOS TENIS EN EL MERCADO GENERAL. LOS ATLETAS JÓVENES DE TODO EL PAÍS QUERÍAN TENIS ALL STAR. EN 1936, LAS ALL STAR SE CONVIRTIERON EN EL CALZADO OFICIAL DEL EQUIPO OLÍMPICO ESTADOUNIDENSE.

CAPÍTULO 3

DEPORTES Y TENIS

CONVERSE DOMINARÍA EL MERCADO DE LOS TENIS DE BALONCESTO EN EE. UU. A MEDIADOS DEL SIGLO XX PERO OTRA EMPRESA ENTRÓ EN EL JUEGO POR LA MISMA ÉPOCA. EL ZAPATERO ALEMÁN ADI DASSLER Y SU HERMANO, RUDOLF, HABÍAN FUNDADO LA FÁBRICA DE ZAPATOS DASSLER BROTHERS EN 1924. MÁS TARDE, ADI OFRECIÓ ZAPATOS A LOS ATLETAS DE LOS JUEGOS OLÍMPICOS DE 1936.

MUY IMPRESIONANTE.

LA ESTRELLA DE ATLETISMO JESSE OWENS GANÓ CUATRO MEDALLAS DE ORO CON ZAPATILLAS DASSLER.

¡JESSE OWENS GANA EN 10.3 SEGUNDOS!

LAS VICTORIAS DE OWENS PUSIERON A LOS ZAPATOS DASSLER EN EL PUNTO DE MIRA. ADI DASSLER SIGUIÓ FABRICANDO Y VENDIENDO TENIS CON LA AYUDA DE RUDOLF.

SIN EMBARGO, LOS HERMANOS SE SEPARARON TRAS UNA DISCUSIÓN EN LA DÉCADA DE 1940. CADA HERMANO CREÓ SU PROPIA EMPRESA DE CALZADO. ADI FUNDÓ ADIDAS. RUDOLF FUNDÓ PUMA.

EN 1949, OTRO ZAPATERO DIO UN PASO ADELANTE. KIHACHIRO ONITSUKA, DE JAPÓN, FUNDÓ LA EMPRESA DE CALZADO ONITSUKA CO., LTD., TAMBIÉN CONOCIDA COMO ONITSUKA TIGER. LA EMPRESA SE LLAMÓ MÁS TARDE ASICS. FABRICABA TENIS DE BALONCESTO CON VENTOSAS EN LAS SUELAS. ONITSUKA SE INSPIRÓ EN LAS VENTOSAS DE LOS TENTÁCULOS DE LOS PULPOS.

EN 1958, JOE Y JEFF FOSTER, DEL REINO UNIDO, FUNDARON REEBOK. SU OBJETIVO ERAN LOS TENIS HECHAS PARA CORRER POR CARRETERA.

EN 1961, LA EMPRESA ESTADOUNIDENSE NEW BALANCE ARCH SUPPORT COMPANY COMENZÓ A FABRICAR TENIS. SU ZAPATILLA PARA CORRER TRACKSTER FUE LA PRIMERA EN TENER UNA SUELA ONDULADA, QUE DABA A LOS CORREDORES UNA MEJOR TRACCIÓN EN EL PAVIMENTO.

17

MIENTRAS SURGÍAN NUEVAS EMPRESAS DE TENIS, UN HOMBRE SE DEDICÓ A REPLANTEAR POR COMPLETO LOS TENIS. BILL BOWERMAN ERA ENTRENADOR DE ATLETISMO DE LA UNIVERSIDAD DE OREGÓN DESDE 1949. DURANTE AÑOS, SE PREGUNTÓ CÓMO PODÍA AYUDAR EL EQUIPAMIENTO AVANZADO A LOS RESULTADOS DE SUS ATLETAS.

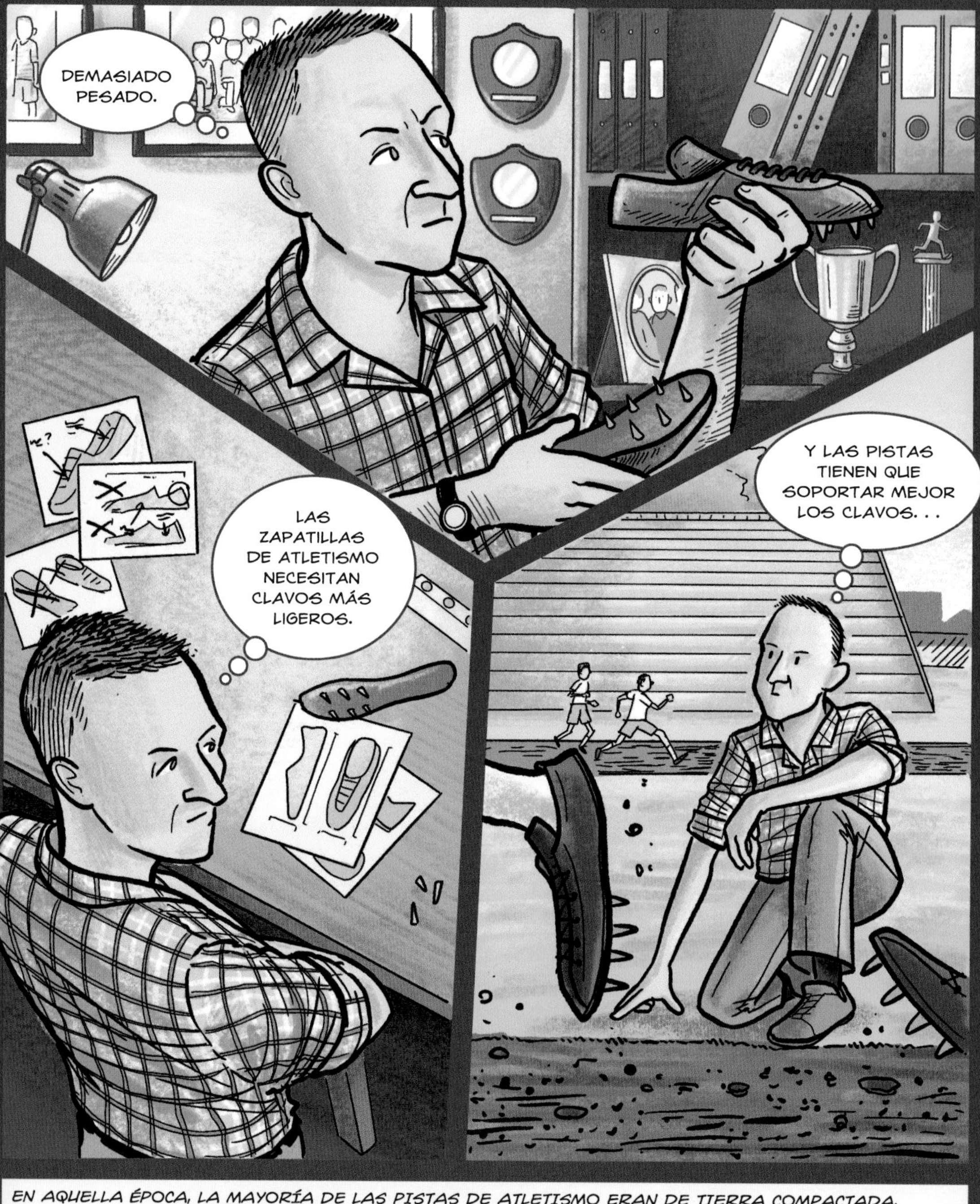
DEMASIADO PESADO.
LAS ZAPATILLAS DE ATLETISMO NECESITAN CLAVOS MÁS LIGEROS.
Y LAS PISTAS TIENEN QUE SOPORTAR MEJOR LOS CLAVOS. . .

EN AQUELLA ÉPOCA, LA MAYORÍA DE LAS PISTAS DE ATLETISMO ERAN DE TIERRA COMPACTADA, CENIZA VOLCÁNICA O CENIZA TRITURADA. LOS CLAVOS DE LAS ZAPATILLAS DE ATLETISMO SE CLAVABAN EN LOS MATERIALES Y PROPORCIONABAN TRACCIÓN, ESPECIALMENTE CUANDO LA PISTA ESTABA MOJADA. ¡PERO LOS CLAVOS TAMBIÉN ARRANCABAN TROZOS DE LA PISTA.

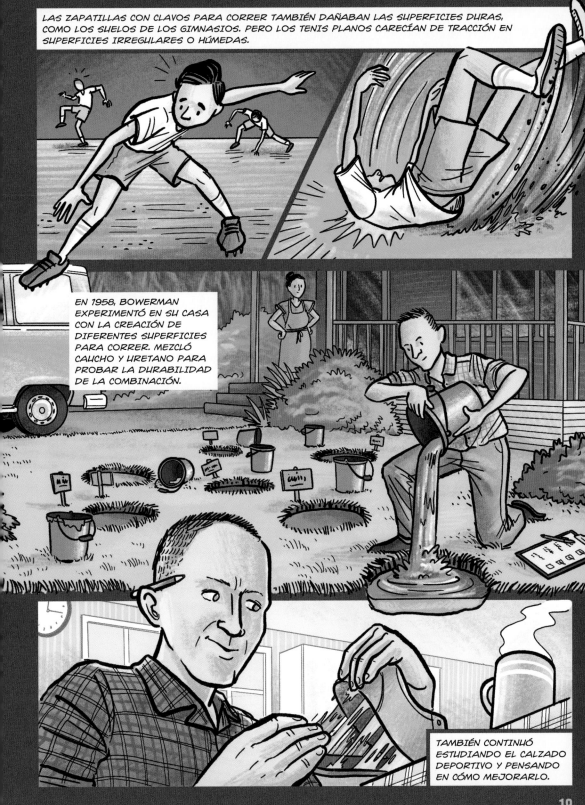

LAS ZAPATILLAS CON CLAVOS PARA CORRER TAMBIÉN DAÑABAN LAS SUPERFICIES DURAS, COMO LOS SUELOS DE LOS GIMNASIOS. PERO LOS TENIS PLANOS CARECÍAN DE TRACCIÓN EN SUPERFICIES IRREGULARES O HÚMEDAS.

EN 1958, BOWERMAN EXPERIMENTÓ EN SU CASA CON LA CREACIÓN DE DIFERENTES SUPERFICIES PARA CORRER. MEZCLÓ CAUCHO Y URETANO PARA PROBAR LA DURABILIDAD DE LA COMBINACIÓN.

TAMBIÉN CONTINUÓ ESTUDIANDO EL CALZADO DEPORTIVO Y PENSANDO EN CÓMO MEJORARLO.

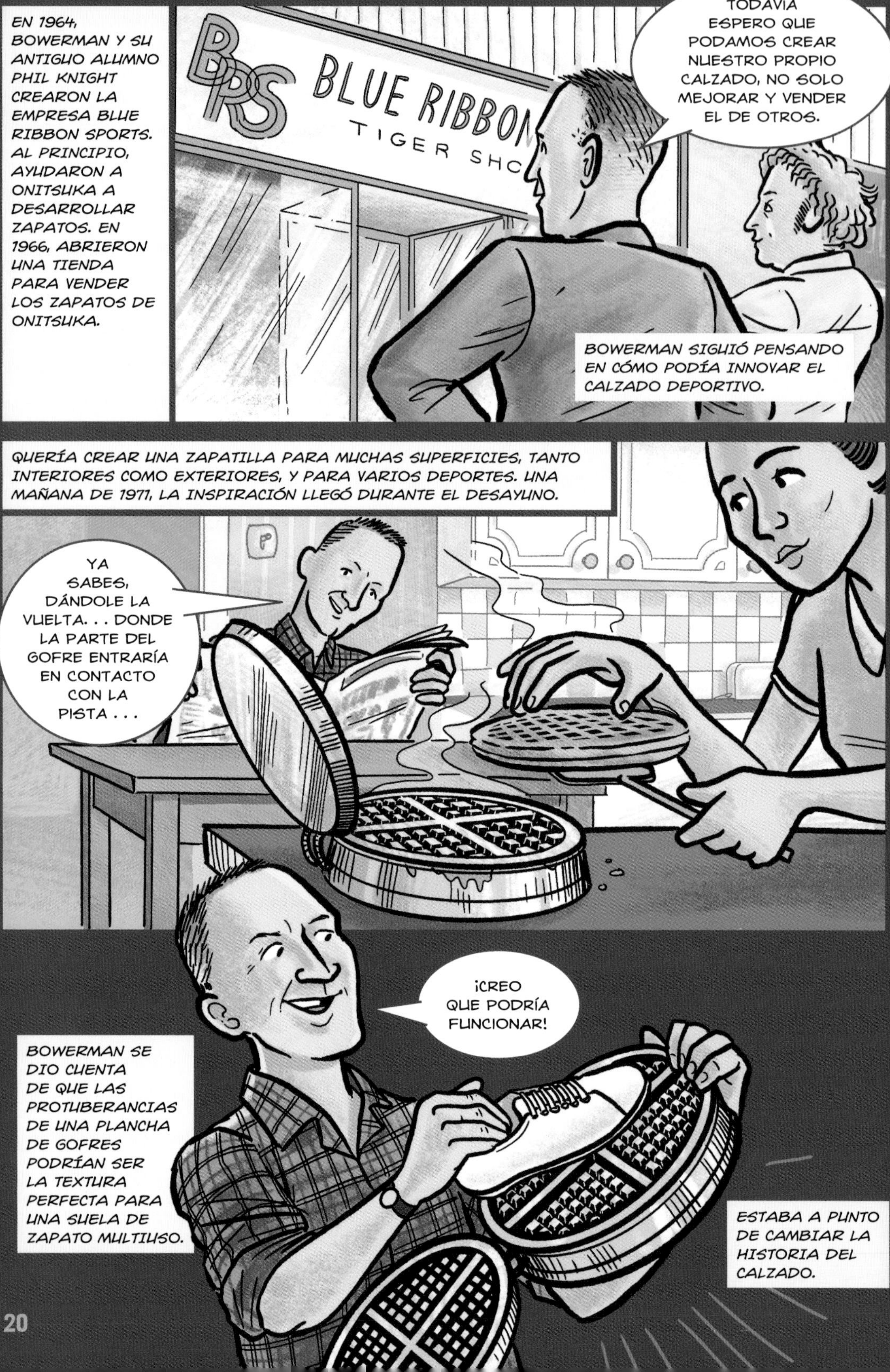
EN 1964, BOWERMAN Y SU ANTIGUO ALUMNO PHIL KNIGHT CREARON LA EMPRESA BLUE RIBBON SPORTS. AL PRINCIPIO, AYUDARON A ONITSUKA A DESARROLLAR ZAPATOS. EN 1966, ABRIERON UNA TIENDA PARA VENDER LOS ZAPATOS DE ONITSUKA.
BRS BLUE RIBBON TIGER SHO
TODAVÍA ESPERO QUE PODAMOS CREAR NUESTRO PROPIO CALZADO, NO SOLO MEJORAR Y VENDER EL DE OTROS.
BOWERMAN SIGUIÓ PENSANDO EN CÓMO PODÍA INNOVAR EL CALZADO DEPORTIVO.
QUERÍA CREAR UNA ZAPATILLA PARA MUCHAS SUPERFICIES, TANTO INTERIORES COMO EXTERIORES, Y PARA VARIOS DEPORTES. UNA MAÑANA DE 1971, LA INSPIRACIÓN LLEGÓ DURANTE EL DESAYUNO.
YA SABES, DÁNDOLE LA VUELTA. . . DONDE LA PARTE DEL GOFRE ENTRARÍA EN CONTACTO CON LA PISTA . . .
¡CREO QUE PODRÍA FUNCIONAR!
BOWERMAN SE DIO CUENTA DE QUE LAS PROTUBERANCIAS DE UNA PLANCHA DE GOFRES PODRÍAN SER LA TEXTURA PERFECTA PARA UNA SUELA DE ZAPATO MULTIUSO.
ESTABA A PUNTO DE CAMBIAR LA HISTORIA DEL CALZADO.

BOWERMAN VERTIÓ URETANO EN SU GOFRERA, INTENTANDO CREAR UN MOLDE. ARRUINÓ LA GOFRERA. ASÍ QUE BOWERMAN LLEVÓ UN TROZO DE METAL CON UN PATRÓN SIMILAR AL DE LOS GOFRES A UNA FÁBRICA DE CAUCHO LOCAL.

NECESITO LÁMINAS DE CAUCHO, CON PROTUBERANCIAS QUE SE PAREZCAN A ESTO.

CLARO QUE SÍ.

BOWERMAN SINTIÓ QUE TENÍA UNA IDEA GANADORA. DECIDIÓ SEPARARSE DE ONITSUKA TIGER Y CREAR SU PROPIA MARCA CON KNIGHT.

NECESITAMOS UN LOGOTIPO PARA NUESTRAS ZAPATILLAS. ALGO DISTINTIVO, COMO LAS TRES RAYAS DE ADIDAS.

ALGO QUE EVOQUE UNA SENSACIÓN DE MOVIMIENTO.

LOS HOMBRES SE DECANTARON POR UN LOGOTIPO EN FORMA DE COMA ACOSTADA. TAMBIÉN DECIDIERON CAMBIAR EL NOMBRE DE SU EMPRESA. ELIGIERON NIKE, EN HONOR A LA DIOSA GRIEGA DE LA VICTORIA.

EN 1974, BOWERMAN ESTABA LISTO PARA PRODUCIR SU ZAPATILLA INSPIRADA EN LOS GOFRES. LAS PROTUBERANCIAS DE CAUCHO DE SU SUELA HACÍAN QUE EL ZAPATO FUERA LO SUFICIENTEMENTE BLANDO PARA UN SUELO DURO DE GIMNASIO, PERO LE DABAN TRACCIÓN EN EL CÉSPED MOJADO.

CAPÍTULO 4
FAMA Y MODA

CUANDO LOS TENIS REVOLUCIONARON EL MUNDO DEL DEPORTE, CADA VEZ MÁS GENTE EMPEZÓ A USARLAS FUERA DE LA CANCHA O LA PISTA. LA DURABILIDAD Y LA COMODIDAD DE LOS TENIS LOS HICIERON PERFECTOS PARA TODO TIPO DE ACTIVIDADES. LOS FAMOSOS INCLUSO LAS UTILIZABAN PARA IR A LA MODA.

EN LA DÉCADA DE 1970, LA ACTRIZ FARRAH FAWCETT USABA TENISS NIKE EN LA SERIE DE TELEVISIÓN LOS ÁNGELES DE CHARLIE.

LEYENDAS DE LA PATINETA COMO STACEY PERALTA UTILIZABAN LA SUELA PEGAJOSA DE LOS TENIS VANS CUANDO SE DESLIZABAN.

LA ESTRELLA DE CINE JAMES DEAN USABA TENIS CONVERSE EN LA DÉCADA DE 1950.

LAS ESTRELLAS DEL DEPORTE TAMBIÉN LLAMARON LA ATENCIÓN A DIFERENTES MARCAS DE TENIS. EN LA DÉCADA DE 1970, LA LEYENDA DEL FÚTBOL PELÉ FIRMÓ UN ACUERDO CON PUMA. ESTO DIO INICIO A UNA ERA DE PATROCINIO DE ZAPATOS POR PARTE DE CELEBRIDADES.

Y EN 1973, PUMA LANZÓ LAS PUMA CLYDE. ESTA ZAPATILLA LLEVA EL NOMBRE DE LA ESTRELLA DEL BALONCESTO WALT "CLYDE" FRAZIER. FRAZIER FUE LA PRIMERA ESTRELLA DE LA NBA EN TENER UNOS TENIS CON SU PROPIA FIRMA.

ADIDAS FIRMÓ CON LA ESTRELLA DEL BALONCESTO KAREEM ABDUL JABBAR EN 1971. LOS TENIS SUPERSTAR DE LA MARCA SE CONVIRTIERON RÁPIDAMENTE EN UNOS DE LOS TENIS DE BALONCESTO MÁS USADOS.

PRONTO, LAS PUMA CLYDE ESTABAN EN LAS CANCHAS DE BALONCESTO DE TODO EL MUNDO.

EN LA DÉCADA DE 1980, ALGUNAS CELEBRIDADES, COMO LA ACTRIZ JANE FONDA, LIDERARON LA MODA DEL FITNESS, PROTAGONIZANDO VIDEOS DE AERÓBICS PARA USO DOMÉSTICO.

¿ESTÁS PREPARADO PARA HACER EJERCICIO?

VAMOS, HAZLO CONMIGO. UNO. Y DOS. Y. . . .

EN AQUELLA ÉPOCA, EL CALZADO DEPORTIVO NO ESTABA HECHO PARA LOS MOVIMIENTOS DE LADO A LADO DE LOS AERÓBICS. ASÍ QUE LAS EMPRESAS EMPEZARON A FABRICAR ZAPATILLAS HECHAS PARA ESTOS ENTRENAMIENTOS PERSONALES. UN EJEMPLO FUERON LAS FREESTYLE DE REEBOK.

LAS TENDENCIAS MUSICALES Y DE BAILE DE LA DÉCADA DE 1980 TAMBIÉN IMPULSARON EL ATRACTIVO DE LOS TENIS.

PARA LOS BAILARINES DE BREAKDANCE, LA APARIENCIA ERA TAN IMPORTANTE COMO LOS MOVIMIENTOS. LOS TENIS AYUDARON A DEFINIR EL ESTILO DE LOS BAILARINES.

LO MISMO OCURRÍA CON LOS MÚSICOS QUE GRABABAN LOS RITMOS QUE BAILABAN LOS BREAKERS. UNO DE LOS GRUPOS MÁS INFLUYENTES DE LA ÉPOCA FUE LA BANDA DE RAP RUN-DMC.

A MEDIDA QUE AUMENTABAN LOS SEGUIDORES DEL GRUPO, TAMBIÉN LO HACÍAN LAS VENTAS DE SUS ZAPATOS FAVORITOS.

EN 1984, NIKE VOLVIÓ A CAMBIAR LA HISTORIA DEL CALZADO. LA EMPRESA BUSCÓ UN JOVEN ATLETA ESTRELLA QUE LA AYUDARA A AUMENTAR LAS VENTAS DE SUS TENIS.

LOS CHICAGO BULLS ELIGEN A MICHAEL JORDAN DE LA UNIVERSIDAD DE CAROLINA DEL NORTE.

NIKE FIRMÓ CON EL NOVATO DE LA NBA MICHAEL JORDAN. JORDAN PRONTO SE CONVIRTIÓ EN UNA SENSACIÓN DEL BALONCESTO.

ESE MISMO AÑO, NIKE TAMBIÉN PRODUJO UNA ZAPATILLA DE FIRMA EN HONOR A JORDAN, QUE LLEVARÍA A LOS BULLS A SEIS CAMPEONATOS DE LA NBA. NACIERON LAS AIR JORDAN.

¡SWISH!

DESDE ENTONCES, LA MARCA JORDAN DE NIKE SE HA CONVERTIDO EN UNA DE LAS MARCAS DE ZAPATILLAS MÁS VENDIDAS DEL MUNDO, CON VENTAS POR MILES DE MILLONES DE DÓLARES CADA AÑO.

DESDE EL ACUERDO DE JORDAN CON NIKE, LOS ATLETAS HAN INFLUIDO MUCHO EN LOS TENIS QUE LA GENTE COMPRA. MUCHAS OTRAS ESTRELLAS DEL BALONCESTO CREARON LÍNEAS DE ZAPATILLAS CON EMPRESAS DE CALZADO, Y LOS AFICIONADOS LAS TUVIERON EN CUENTA.

JAMES HARDEN:
TENIS HARDEN (ADIDAS)

LEBRON JAMES:
TENIS LEBRON (NIKE)

KEVIN DURANT:
KDS (NIKE)

DWYANE WADE:
TENIS WAY OF WADE

EN 2015, EL RAPERO KANYE WEST SE ASOCIÓ CON ADIDAS PARA LANZAR UNA LÍNEA DE TENIS, INCLUIDAS LAS ADIDAS YEEZY BOOST 350.

EL ÍCONO DE LAS REDES SOCIALES KYLIE JENNER TAMBIÉN PATROCINA TENIS. SE ASOCIÓ CON ADIDAS EN 2018 PARA PROMOCIONAR SU LÍNEA DE ZAPATILLAS FALCON.

EN 2018, LA CANTANTE SELENA GÓMEZ FIRMÓ UN ACUERDO DE PATROCINIO CON PUMA PARA UNA LÍNEA DE TENIS.

LOS TENIS SE CONVIRTIERON EN EL TIPO DE CALZADO MÁS COMÚN EN TODO EL MUNDO. Y SIGUEN EVOLUCIONANDO.

LAS ZAPATILLAS DE LA LÍNEA NIKE ADAPT NO TIENEN CORDONES. EN SU LUGAR, UNA APLICACIÓN PARA TELÉFONOS INTELIGENTES APRIETA LAS ZAPATILLAS "AUTOATADAS".

ALGUNAS EMPRESAS ESTÁN TRABAJANDO EN TENIS RESPETUOSOS CON EL MEDIO AMBIENTE. LAS PRIMUS LITE II BIO DE VIVOBAREFOOT ESTÁN FABRICADAS CON MATERIALES VEGETALES SOSTENIBLES.

PUMA CREÓ LAS ZAPATILLAS LQD CELL ORIGIN AR PARA EL JUEGO INTERACTIVO. CUANDO SE VEN A TRAVÉS DE UNA APLICACIÓN DE REALIDAD AUMENTADA PARA TELÉFONOS INTELIGENTES, LAS ZAPATILLAS PUEDEN PARECER QUE ESTÁN EN LLAMAS.

OTROS TENIS DEL FUTURO PODRÍAN GENERAR ELECTRICIDAD AL CAMINAR. Y ES POSIBLE QUE PUEDAS CAMBIAR EL COLOR DE LOS TENIS CON UNA APLICACIÓN. ¿QUÉ MÁS PODRÍAN HACER LOS TENIS DEL FUTURO? LAS POSIBILIDADES SON ILIMITADAS.

NOTAS DE LA FUENTE

PÁGINA 15

Nicholas Smith, *Kicks: The Great American Story of Sneakers* (Nueva York: Crown Publishing Group, 2018) 45.

PÁGINAS 20–21

"Nike's Holy Grail: Bowerman Family Unearths Long-Lost Waffle Iron," OregonLive, The Oregonian, 10 de enero de 2019, https://www.oregonlive.com/behindducksbeat/2011/02/nikes_holy_grail_bowerman_fami.html.

PÁGINA 21

Nicholas Smith, *Kicks: The Great American Story of Sneakers* (Nueva York: Crown Publishing Group, 2018) 104.

PÁGINA 24

"1970s: Jane Fonda Workout," video de YouTube, 00:01, 21 de marzo de 2018, https://www.youtube.com/watch?v=u86NaR3z6FE.

PÁGINA 26

"The Chicago Bulls pick MICHAEL JORDAN! Draft Video," video de YouTube, 00:01, 19 de julio de 2007, https://www.youtube.com/watch?v=0B9obsY_Yg8.

GLOSARIO

ARCO DE APOYO: moldura rígida incorporada o colocada en el interior de un zapato para sostener el arco del pie

AZUFRE: sustancia química amarilla, no metálica, que es un sólido a temperatura ambiente

DURADERO: capaz de resistir el desgaste

PARTE SUPERIOR: la parte de un zapato que cubre los dedos, la parte superior y los lados del pie.

PATENTE: documento oficial que protege los derechos de su propietario sobre una invención. Solicitar y recibir este documento es patentar.

REALIDAD AUMENTADA: tecnología que coloca una superposición digital de imágenes sobre las imágenes reales que se ven a través de un dispositivo como un teléfono inteligente o una tableta

TRACCIÓN: la fuerza que impide que un cuerpo en movimiento resbale sobre una superficie

VELCRO: cierre formado por dos tiras de tejido de nailon, una con pequeños ganchos y la otra con un material adherente

VULCANIZAR: endurecer el caucho tratándolo con azufre